„den Verkehr nach Braunschweig zu vergrößern und den Aufenthalt in Braunschweig angenehm zu gestalten"

Betrachtung zu Momenten des Verkehrsvereins Braunschweig in 123 Jahren *

Akademievortrag am 21. August 2022 im Institut für Braunschweigische Regionalgeschichte und Geschichtsvermittlung

Prof. Dr. h.c. Gerd Biegel

* Den Vortrag widme ich in freundschaftlicher Verbundenheit der Ersten Vorsitzenden des Verkehrsvereins Braunschweig, Frau Friederike Harlfinger, ehem. Ratsfrau und Erste Bürgermeisterin der Stadt Braunschweig

Impressum:

Betrachtung zu Momenten des Verkehrsvereins Braunschweig in 123 Jahren

von Prof. Dr. h. c. Gerd Biegel im Institut für Braunschweiger Regionalgeschichte und Geschichtsvermittlung e.V.; Archiv IBRG

Als Vorlage diente ein Akademievortrag 2022 im IBRG

Herausgeber: Hans-Jürgen Sträter, Adlerstein Verlag

Herstellung und Verlag: BoD - Books on Demand, Norderstedt

ISBN: 9783757824150

Braunschweig 2023

Liebe Geschichtsfreundinnen und Geschichtsfreunde, verehrte Gäste des heutigen Akademievortrags im Institut für Braunschweigische Regionalgeschichte und Geschichtsvermittlung!

Als zweiter Vorsitzender des Verkehrsvereins Braunschweig e.V. begrüße ich Sie herzlich zu unserem heutigen Akademievortrag. Dies tue ich zugleich als Referent aus gutem Grund, denn unsere Vorsitzende, Frau Friederike Harlfinger, ist leider aus gesundheitlichen Gründen verhindert. Ich bedaure dies sehr, ist es doch nach fast 3 Jahren Corona-Zwangspause unsere erste Präsenzveranstaltung des IRBG. Ich bin sicher, ich darf auch in Ihrem Namen auf diesem Weg einen herzlichen Gruß und beste Genesungswünsche an Friederike schicken und möchte ihr zugleich mit dem Dank für ihren unermüdlichen Einsatz für unseren Verein diesen Vortrag persönlich widmen.

Dies trifft sich besonders gut, da ich mit dem heutigen Akademievortrag einen Streifzug zu wichtigen Momenten der Geschichte unseres Vereins seit seiner Gründung vor 123 Jahren unternehme. Dazu lade ich Sie nun alle herzlich ein.

„Die Werktätigkeit hat sich besonders erstreckt auf die Heranziehung steuerkräftiger oder in sonstiger Weise wertvoller Familien und Persönlichkeiten, auch die Förderung des Passanten- bzw. Touristenverkehrs, auf die Veranstaltung von Ausstellungen und Jahrmärkten, namentlich auf die Hebung und weitere Ausgestaltung unserer Messen, auf die Förderung der Jugendwanderung und des Bewegungssportes zur Erstarkung unserer Jugend, auf die weitere Ausgestaltung des Kraftwagen- und Straßenbahnverkehrs."

Diese Darstellung im Festbericht zum 25-jährigen Jubiläum des Städtischen Verkehrsvereins belegt im Jahre 1924 die Schwerpunkte und Zielsetzungen der Fremdenverkehrswerbung in der Stadt Braunschweig, und man stellt mit Erstaunen fest, wie aktuell nach wie vor die Eckpunkte des Programms sind. Es war zunächst eine durchaus erfolgreiche Entwicklung, die am 23. März 1899 in Gang gekommen war. Damals hatte sich eine Gruppe Braunschweiger Bürger im Hotel Kaiserhof versammelt, um den *„Verein zur Hebung des Fremdenverkehrs in Braunschweig"* zu gründen, der dann 1905 den Namen *„Verkehrsverein Braunschweig"* erhielt. Einladende waren Schulinspektor Sattler, Notar Almers, Kaufmann Witting und Hotelier Kalms.

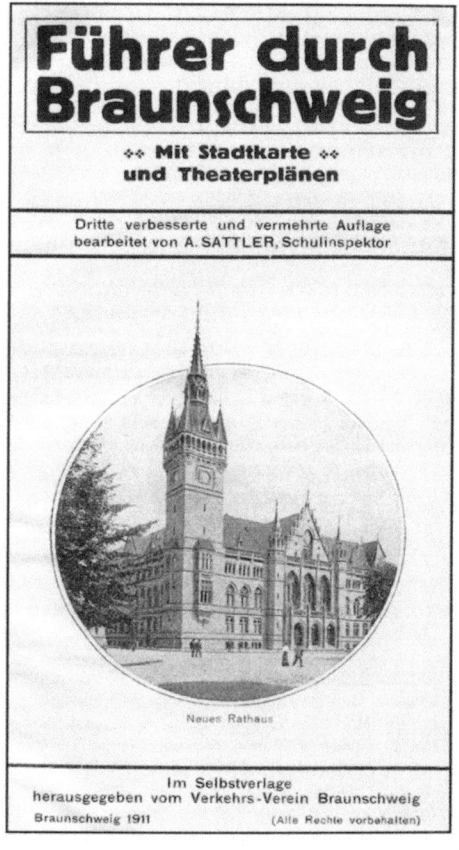

Führer durch Braunschweig, 1911

Leider sind durch die Kriegseinwirkungen die meisten Archivmaterialien des Vereins verloren gegangen, so dass die Anfangsjahre nur schwer zu rekonstruieren sind, jedoch hat sich wenigstens das Protokoll der Vorbesprechung der Gründung des Vereines erhalten, so dass wir über das Datum und die wichtigsten Diskussionen informiert sind. Das Protokoll wurde von Ehler Reimers, dem späteren Vereinssekretär verfasst. Zunächst hatte Turninspektor Hermann als Vertreter des Bürgervereins erläutert, dass eine schon längere Zeit beim Bürgerverein eingesetzte Kommission zur Hebung des Fremdenverkehrs in der Residenzstadt ihren Auftrag zurückgegeben habe. Grund war das völlige Desinteresse der Staatsregierung und der Stadtverwaltung an der Arbeit und den Vorschlägen der Kommission. Rechtsanwalt Dr. Topp betonte die Notwendigkeit eines selbständigen Vereins und meinte, dass zu einer erfolgreichen Tätigkeit vier Dinge notwendig seien: Entschlossenheit, Geld, Intelligenz und Reklame. In der anschließenden Diskussion über Aufgaben und Zielsetzungen des Vereins gab es vielfältige Vorschläge: Durch Reklame sei auf die Baudenkmäler und Kunstschätze in der Stadt hinzuweisen. Attraktive Karten, Pläne und Werbung sollten in den Hauptbahnhöfen Deutschlands auf Braunschweig aufmerksam machen, auf den Routen des Norddeutschen Lloyd, vor allem der Hamburg-Amerika-Linie, solle für Braunschweig geworben werden, in den verbreitetsten Radfahrerzeitungen und anderen illustrierten Zeitschriften sollten Beiträge über Braunschweig veröffentlicht werden, Kontakte mit Reisebüros müssten aufgebaut, Prospekte zum Verteilen an die Fremden hergestellt werden. Vor allem aber sei darauf zu dringen, dass eine direkte D-Zug-Verbindung von Berlin nach Frankfurt mit Halt in Braunschweig eingerichtet werde. Junge Gästeführer wurden ebenso gefordert wie ein zoologischer Garten, die Verschönerung des Stadtbildes durch Verbesserung der Grünanlagen, das Aufstellen von Ruhebänken, Erhaltung der alten Friedhöfe und durch Vorgartenpflege, aber auch die Vergrößerung des Bürgerparks und die Einführung von Promenadenkonzerten am Sonntagvormittag.

Bevor die Diskussion jedoch ausuferte, wiesen der Vorsitzende, Schulinspektor Sattler, und Rechtsanwalt Topp darauf hin, dass man einen Beschluss zur Vereinsgründung und zur Ausarbeitung von Statuten fassen solle. Eine lebhafte Diskussion schloss sich an, zumal Turninspektor Hermann im Auftrag des Bürgervereins beantragte, die Sitzung nur als vorbereitendes Treffen einer späteren Vereinsgründung zu verstehen. Hier spielte wohl doch noch die Konkurrenzsituation zum – in dieser Angelegenheit gescheiterten – Bürgerverein eine Rolle.

Letztlich setzten sich die Vereinsinteressierten durch, und es wurde zugleich eine Spenden- und freiwillige Beitragsaktion beschlossen, um über erste Mittel zu verfügen. Die Liste der freiwilligen Beiträge des Gründungsabends lautete:

Verein Braunschweigischer Gastgeber	50,- Mark
Rechtsanwalt Almers	30,- Mark
Restaurateur Kalms	30,- Mark
Bankier Schrader	100,- Mark
Kaufmann Emil Lohmann	100,- Mark
Kaufmann Carl Langerfeldt	100,- Mark
Kaufmann Lippold	50,- Mark
Kaufmann G. von Trampe	50,- Mark

Die sofortige Vereinsgründung und ein Pflicht-Beitrag von 3 Mark pro Person sowie freiwillige Beitragszahlungen wurden schließlich einstimmig beschlossen, ebenso die Ausarbeitung einer Satzung. So wurde doch noch am 23. März 1899 im Hotel Kaiserhof der *„Verein zur Hebung Braunschweigs und seines Fremdenverkehrs"* offiziell gegründet und das Protokoll der vorbereitenden Sitzung ist zugleich das formelle Gründungsprotokoll des für die Außendarstellung Braunschweigs bis heute bemühten Verkehrsvereins.

Titelseite des Sitzungs– und Gründungsprotokolls
vom 23. März 1899

Ein Auszug aus den erarbeiteten Satzungen des Vereins macht die Zielsetzung deutlich:

„Der Verein verfolgt, mit Ausschluss aller politischen Bestrebungen, den Zweck, den Verkehr nach Braunschweig zu vergrößern und den Aufenthalt in Braunschweig angenehm zu gestalten. Er trachtet dieses zu erreichen:

I.   dadurch, dass er die Verschönerung Braunschweigs sowohl durch Wort und Schrift anzuregen, als auch durch Hergabe von Vereinsmitteln zu verwirklichen versucht;

II. durch Unterstützung aller Bestrebungen, welche dem Verkehr förderlich sind, insbesondere durch Zuwendung seiner Aufmerksamkeit auf:

1. Bequemlichkeit des Verkehrs in und nach Braunschweig;

2. Organisation literarischer und künstlerischer Verbreitung der Kenntnis hiesiger Verhältnisse;

3. Erschließung und Erleichterung der Zugänglichkeit hiesiger Sammlungen, Baulichkeiten und Anlagen.

4. hiesige Hotel- und Wohnungsverhältnisse;

5. Schaffung von Sammelpunkten und Vergnügungsstätten,

6. Verkehr Fremder und Einheimischer.

7. Unterstützung der Fremden durch Rath und That, Schutz derselben vor etwaiger Übervorteilung;

8. Schlichtung von Streitigkeiten zwischen Fremden und Einheimischen. “

Die Zielsetzungen der Anfangsjahre waren damit vorgegeben und einige Pläne konnten realisiert werden, andere wurden neu entwickelt.

So steht in einem Sitzungsbericht vom 9. Mai 1906: *»Um das damals noch ganz verschleierte Bild zu Braunschweig, die Bahnhofsfrage, etwas zu lüften, hielt Herr Bütow einen Vortrag über die Gleimschen Projekte wie auch über das Streckenbahnprojekt. Beide wurden beifällig aufgenommen, vom Magistrat aber abgelehnt. Eine mit dem Vorschlag verknüpfte Generalidee zur Stadtverschönerung, nämlich die Verbindung der Außenparks und Bewässerung des Nussbergparks wurde in den ‚Braunschweigischen Anzeigen' ausführlich veröffentlicht und Sr. Kgl. Hoheit, dem Prinzregenten Albrecht von Preußen, als Schöpfer des letztgenannten Parkes, zur Kenntnisnahme übersandt. Die auf dem Löwenwall vom Verein veranstalteten Promenadenkonzerte, für die man auch ein Podium mit Zeltdach angekauft hatte, erfreuten sich bei Jung und Alt bald größter Beliebtheit. Um den Fremdenbesuch und -zuzug zu fördern, ließ man Inserate in Zeitungen und Zeitschriften einrücken, auch längere Artikel erscheinen, die auf die Schönheiten und Sehenswürdigkeiten sowie auf die Vorzüge Braunschweigs als Wohnort für Rentner und Pensionäre aufmerksam machte"*.

Darüber hinaus gab es Vorschläge zur Verbesserung des Straßenbahnverkehrs, der Entwicklung einer Ring-Linie, zum Bau einer Stadthalle, einer Schwimmhalle sowie einer Volkslesehalle. Auch kuriose Diskussionen sind aus der frühen Vereinsgeschichte überliefert, so etwa von der Generalversammlung am 10. April 1907, bei der über das Droschkenwesen geklagt wurde: *„Herr Landtagsabgeordneter Meyerhoff führte diverse Beispiele an, um zu zeigen, dass unser Droschkenwesen – eigentlich hätten wir überhaupt keine Droschken, sondern nur Mietkutschen – nur vom humoristischen Standpunkte aufzufassen sei. Er nimmt trotzdem die Behörde (Polizei) in Schutz und meinte, diese sei an dem unwürdigen Zustande schuldlos. Es finde sich immer noch kein Unternehmer, der in Braunschweig den Mut habe, ein gutes Taxameter-Unternehmen zu gründen. Herr Kaufmann Ferd. Junge: ‚Meine Herren! Sie werden das Droschkenwesen solange nicht in Braunschweig ändern, so-*

lange Sie nicht die Braunschweiger selbst ändern. Gar mancher und ich selbst möchte öfter einmal einen Wagen benutzen, aber man scheut sich in der Tat, dies zu tun, weil sofort die Leute alsdann mit Fingern auf den Fahrgast zeigen und ihre bekannten kleinlichen Schlüsse ziehen'. Zeitungsverleger Lauer: ,Wer sind denn die Braunschweiger? Die Braunschweiger sind wir selbst. Auch anderwärts in Braunschweig werden die gleichen Bemerkungen gemacht, womit man schließlich uns meinen könnte. Wenn ich nun auch nicht den Antrag stellen will, dass jedem Mitgliede zur direkten und strengsten Pflicht gemacht wird, von jetzt an jeden Sonntag ein oder zwei Stunden auf dem Stein- oder Bohlwege spazieren zu fahren, so bin ich doch der Ansicht, dass eine Droschkenfurcht auch bei uns selbst nicht Platz greifen darf.« Dass der Verein in seinen Wünschen und Erwartungen nicht immer bescheiden war, geht aus einer Pressenotiz aus dem Jahre 1912 hervor, als man die *»Errichtung einer Luftschiffhalle und die Gründung einer Hochschule für das Hotel- und Gastgewerbe forderte. Befürwortet wurde vom Verein auch die Gründung einer Gartenstadt, der Bau einer Villenstraße bis zum Querumer Holz sowie eines Schulmuseums. "*

Die Finanzierung des Vereins erfolgte fast ausschließlich durch Mitgliedsbeiträge und Spenden wohlhabender Bürger. Im Jahre 1903 erbat der Verein eine Unterstützung in Höhe von 3.000 Mark durch die Stadt Braunschweig. Zunächst gewährte die Verwaltung 1.500 Mark, jedoch kürzte der Rat den Betrag auf 1.000 Mark, obwohl der Verein darauf hinwies, dass Hannover seinen Verkehrsverein mit 9.500 Mark unterstützte. Vor dem Ersten Weltkrieg blieben städtische Zuschüsse jedoch meist weit unter den erhofften 3.000 Mark. Zum Vergleich: im Jahr 1975 betrug der Zuschuss 100.000 DM und seit 1998 jährlich 1.000.000 DM, womit rund 50 bis 70 % des Gesamtetats abgedeckt werden konnten.

Trotz der anfangs eher bescheidenen Mittel gelang es, einen großen Teil der selbstgesteckten Ziele zu erreichen. Inserate in großen Zeitungen und Zeitschriften warben für Braunschweig, das mit seinen alten Fachwerkbauten als *»Nürnberg des Nordens«* bezeichnet wurde.

BRAUNSCHWEIG. Ägydienstrasse.

Eine Fachwerkstadt ging im Krieg verloren

Der Braunschweiger Hauptbahnhof, um 1905

Werbung in der Eisenbahn und auf den großen Schifffahrtsli-
nien unterstrich Braunschweig als Reiseziel, und schon bald
wurden Stadtpläne und Stadtführer für die Gäste gedruckt,
meist finanziert durch Werbung der Braunschweiger Ge-
schäftswelt. Die Innungen und Berufsverbände wurden aufge-
fordert, Kongresse nach Braunschweig zu holen. Interessant

auch, dass von Anfang an die Verbindung zwischen Braunschweig und dem Harz als tourismusfördernd für die Stadt gesehen wurde. Braunschweig galt als Einfallstor zum Harz, weshalb man eine enge Kooperation mit der Harzwerbung suchte und eine Verbesserung der Verkehrsverbindungen zum Harz forderte.

Es sollte sich bald erweisen, dass der Arbeitsansatz des Vereins richtig war und die Werbung für die Stadt Erfolge verbuchen konnte. In der *London Times* war zu lesen: „*Braunschweig birgt vielleicht mehr unbeschädigte Häuser und Stadtbilder des 16. und 17. Jahrhunderts als irgendeine andere Stadt in Deutschland, selbst Nürnberg nicht ausgeschlossen*«. Und der *Daily Telegraph* schwärmte: »*Denn es ist in seiner Art die schönste und interessanteste Stadt Europas ... Braunschweig liegt etwas abseits des Hauptreiseweges. So ist es der Anerkennung entgangen, die man seit langem weit weniger würdigen Plätzen gegeben hat. Wenn Braunschweig Stadtwerbung treibt, so hat es alles Recht dazu. Man kann den Fremden nur dringend raten, die Stadt zu besuchen.*"

Eulenspiegelbrunnen in Braunschweig

Immer mehr Geschäftsleute schlossen sich dem Verein an, und die Zahlen des Fremdenverkehrs wuchsen – durch Zeitereignisse unterbrochen – kontinuierlich an. Natürlich ging der Zeitgeist auch am Verkehrsverein nicht spurlos vorüber und so stand er während der NS-Diktatur durchaus im Dienst der offiziellen Propaganda. Insbesondere als im März 1935 der Leiter des städtischen Kulturamtes auch die Leitung des Verkehrsvereins übernahm. Gleichzeitig wurde Verkehrsdirektor Wahrhold Ammon entlassen. Dr. Bernhard Mewes führte die Geschäfte im Geiste einer völkisch-nationalen Ideologie, und auch die Mitarbeiterinnen und Mitarbeiter mussten erheblich unter dieser ideologischen Amtsführung leiden.

**Auskunftspavillon des Verkehrsvereins
im alten Hauptbahnhof, 1936**

Ein großer Erfolg dieser Zeit wurde der Informationspavillon in der Bahnhofshalle, der im Jahr 1936 eröffnet worden war. So konnte auch zum 50-jährigen Jubiläum eine durchaus positive Bilanz gezogen werden, sieht man einmal von den Kriegsereignissen und –folgen ab. Daher wurde 1949 festgestellt: *„Dass der Verein sich bis auf den heutigen Tag lebenskräftig erwiesen hat, obgleich zwei Weltkriege das eigenstaatliche Leben unseres Volkes vernichteten und das Stadtbild veränderten, obgleich Inflation und Währungsreform, Zerstörungen von Eigenbesitz und Flüchtlingsstrom eine soziale Umschichtung sondergleichen hervorriefen, so ist dies ein Zeichen dafür, dass die Ziele und Aufgaben, die er sich von Anfang an gesetzt hatte, fortgesetzt bestehen. Bezeichnend dafür ist die Tatsache, dass neben einer selbstverständlichen, dem Fortgang der Zeit angepassten Erweiterung des Arbeitsprogramms die in der Gründungsversammlung dargelegten Aufgaben noch heute einen wesentlichen Teil des Aufgabengebietes ausmachen“.* Um diese Worte besser verstehen zu können, sollen kurz die 50 Jahre Stadtgeschichte mit aufgezeigt werden, die den Hintergrund der Arbeit des Verkehrsvereins bis zum großen Umbruch des Zweiten Weltkrieges so entscheidend bestimmt haben.

Braunschweig war zur Jahrhundertwende wirtschaftlich, politisch und kulturell durchaus auf einem guten Wege in die Großstadt. Die Stadt schien den notwendigen Strukturwandel dieser Epoche erfolgreich zu bewältigen. Jäh gestoppt wurde die weitere Entwicklung dann durch den Ausbruch des Ersten Weltkriegs. Kurz vorher sonnte sich Braunschweig noch einmal im *»Glanz der Krone«,* als durch die Heirat der Kaisertochter Victoria Luise mit dem Welfenprinzen Ernst August erstmals wieder seit 1884 ein Mitglied des Welfenhauses als Herzog in Braunschweig residieren konnte. Nur kurz jedoch dauerte dessen Regierungszeit, denn mit der Revolution vom 7. November und der durch den neu geschaffenen Arbeiter- und Soldatenrat unter Führung von August Merges erzwungenen Abdankung vom 8. November 1918 endete endgültig die Zeit der welfischen Monarchie in Braunschweig. Das Herzogtum Braunschweig hatte aufgehört zu existieren.

Am 15. Dezember 1918 fand die erste Stadtverordnetenwahl statt, und zwar nach geheimem, gleichem und direktem Wahlrecht. Wahlsieger wurde die USPD. Die Radikalisierung der Linken führte in der Folgezeit zu vermehrten Unruhen und schließlich zur Reichsexekution sowie Besetzung der Stadt durch Reichstruppen unter Generalmajor Maercker am 17. April 1919. Immer wieder kam es in der Folgezeit zu Teuerungsunruhen und gewaltsamen Auseinandersetzungen auf der Straße.

Trotz dieser unruhigen Jahre und der Inflation 1923 bekamen Wohnungsbau und Wirtschaft in Braunschweig neue Impulse, so etwa 1920 mit den Rollei-Werken Franke und Heidecke, den Wohnbauten an der Siegfriedstraße oder dem August-Be-

bel-Hof. Auch durch ein reiches Kulturleben war die Weimarer Republik gekennzeichnet.

Neben den erfolgreichen Angeboten des Theaters am Steinweg, der Einrichtung von Schlossmuseum, Gauß-Museum und Lesehalle (Öffentliche Bücherei) war das Goethe-Lessing-Jahr 1929 ein besonders beachteter Höhepunkt. 200. Geburtstag von Lessing und 100 Jahre Uraufführung von Goethes Faust auf dem Hoftheater in Braunschweig waren Anlass für vielfältige Aktivitäten sowie den Ausstellungen *„Faust auf der Bühne"* und *„Lessing und seine Zeit"*. Das historische und künstlerische Leben in der Stadt erfuhr die *„Goldenen Zwanziger"* als eine Periode kultureller Höhepunkte. Die Weimarer Demokratie garantierte Offenheit und Entfaltungsmöglichkeiten für neue geistige und künstlerische Strömungen. Dabei waren zum einen die Erprobung des Neuen, die Lust am Experiment, ebenso zeittypisch wie die betont sachliche Auseinandersetzung mit der Wirklichkeit des Alltags. Andererseits wurde die Krisenhaftigkeit in Staat und Gesellschaft, die Infragestellung der überkommenen Werte und Traditionen, künstlerisch thematisiert. Als Spiegelbild fungierte die radikale künstlerische Kritik an den bestehenden Zuständen, die die Krise als einen existentiellen Bestandteil der zeitgenössischen Gesellschaft begriff. Trotz der bedrängten wirtschaftlichen Lage der Stadt Braunschweig gab es viel zu feiern, und es wurde unbeschwert auf Künstlerfesten, Heimatfesten sowie Gedenktagen gefeiert. Man hatte wieder Hoffnung geschöpft.

Zumindest hoffnungsfrohe Ansätze eines Neubeginns nach dem Schrecken des Ersten Weltkrieges waren es – und kaum jemand erwartete damals, dass es noch schlimmer kommen konnte. Aber es kam noch schlimmer. Nach der Machtübernahme der Nationalsozialisten am 30. Januar 1933 kam es zu Terrorakten gegen SPD und KPD im Volksfreundhaus (9. März), in der AOK (27. März) sowie zu den Riesebergmorden (4. Juli). Am 8. März wurde das Rathaus von der SA gestürmt, Oberbürgermeister Dr. Ernst Böhme abgesetzt und misshandelt. Auch der ehemalige Ministerpräsident Dr. Heinrich Jasper wurde mehrfach verhaftet und grausam misshandelt. Er starb 1945 im Konzentrationslager Bergen-Belsen.

Die Gleichschaltung der Stadtverordnetenversammlung erfolgte im Mai 1933 und spätestens ab 1935 bestand keine kommunale Selbstverwaltung mehr. Das Regiment führten Oberbürgermeister und Stadträte, die 36 Ratsherren hatten nur noch beratende Funktion. Eingemeindungen erweiterten das Stadtgebiet, Neubaugebiete entstanden im Zuge von Arbeitsbeschaffung und zur Behebung akuter Wohnungsnot, und ab 1938 bestand das VW-Werk, als Voraussetzung für den Werksaufbau in Wolfsburg. Zentrale Einrichtungen des nationalsozialistischen Herrschaftsapparates wurden in Braunschweig angesiedelt, so die „SS-Junkerschule" im Schloss. Der Dom wurde zum „Staatsdom" erklärt und als „Wallfahrts- und Weihestätte der Nation" propagandistisch genutzt. Im Jahr 1935 wurde die Gruft Herzog Heinrichs des Löwen im Dom geöffnet. Die historische Gestalt Heinrichs des Löwen wurde zum Vorkämpfer einer Politik erklärt, die »Lebensraum im Osten« eroberte. Damit wurde ideologisch vorbereitet, was zum Bombenkrieg und schließlich zum Inferno der Nacht vom 14. auf den 15. Oktober 1944 führte.

Das zerstörte Braunschweig, 1945

Insgesamt sind in den Bombenangriffen auf die Stadt Braunschweig fast 3.000 Menschen ums Leben gekommen. 90 % der Innenstadt wurden zerstört, das historische Braunschweig ging weitestgehend verloren.

Nach dem Ende der Diktatur und einer letzten Konsolidierungsphase des noch selbständigen Landes Braunschweig wurde dieses endgültig am 1. November 1946 Teil des neugeschaffenen Landes Niedersachsen mit der Kräftekonzentration auf Hannover. Das wirtschaftliche, kulturelle und alltägliche Leben in Stadt und Region Braunschweig suchte nach einer neuen Standortbestimmung in diesem politischen Neuland. Die Stadt musste sich mit der neuen Rolle vertraut machen, nicht mehr Landeshauptstadt und dennoch für die Region ein Oberzentrum mit zukunftsorientierter Weichenstellung und mit Vorbildcharakter zu sein. Aus den ersten demokratischen Wahlen zur Stadtvertretung war im Rahmen der Kreiswahlen vom 13. Oktober 1946 die SPD mit absoluter Mehrheit hervorgegangen. Magistrat und Oberbürgermeister Dr. Ernst Böhme hatten eine kommunal-politische Aufgabe übernommen, die sich im Februar 1947 einer Not- und Krisensituation von gewaltigen Ausmaßen gegenübersah. Am 15. Januar 1947 fand die erste außerordentliche Stadtvertreterversammlung statt und einziger Tagesordnungspunkt war die Notlage der Braunschweiger Bevölkerung. Der Verwaltungsbericht lässt die ganze Dramatik der Zeit erahnen:

Der Hagenmarkt nach Bombenangriff 14./15. Oktober 1944

„Schon ist tiefe Unruhe eingetreten wegen der Brotversorgung. Die Stimmung gleicht einer Panik. Das Erliegen weiterer Betriebe erhöht die Gefahr des Eintritts einer Hungerkatastrophe.

Die Kinder haben keine oder unzulängliche Schuhe. Die Kranken können zum Teil nicht versorgt werden. Schon haben die Strafanstalten die Gefangenen entlassen. Die Kriminalität steigt.

Getrieben von Not und Elend zeigen sich Auflösungserscheinungen, wie sie noch nie dagewesen sind. Hungernde Familienväter, unterernährte Mütter und Kinder holen sich Kohle, Holz, Gemüse usw., wo sie es nur bekommen. Völlig unzulänglich ist die Energieversorgung. Bei all der Not und all dem Elend kann die hungernde und frierende Bevölkerung nicht einmal in einer hellen Stube sitzen. Die Ernährungs- und Wirtschaftslage, insbesondere auch auf dem Gebiet der Kleidung ist so, dass ein Teil der Bevölkerung voller Empörung, der andere völlig apathisch ist. Schon in den frühen Morgenstunden stehen Frauen und Kinder und alte Leute, blass und verhungert, dürftig gekleidet, stundenlang vor den Läden, um dann oftmals enttäuscht ohne beliefert zu werden, wieder nach Hause gehen zu müssen. Der Zusammenbruch in der Kartoffelversorgung hat die Not erhöht. Nicht einmal für die nächsten Tage, geschweige denn für Wochen, konnten Kartoffeln eingekellert werden.

In der Versorgung mit Kleidung mag ein Beispiel sein, dass in den letzten vier Wochen 153.889 Anträge, die als notwendig anerkannt wurden, trotzdem abgelehnt werden mussten, weil die entsprechende Ware nicht verfügbar war. Säuglingsausstattungen sind kaum mehr vorhanden. Die Arbeiter sind fast ohne Berufsbekleidung."

Der Beschluss der Versammlung endete mit einem dramatischen Appell, der die Situation des Jahres für die Menschen in Braunschweig unmissverständlich klar machte:

„Die Stadtverwaltung hat alles getan, um Krise und Katastrophe aufzuhalten. Sie sieht sich jetzt nicht mehr imstande, der Katastrophe weiter entgegenzutreten, weil ihr einfach die Möglichkeit fehlt. Im Namen der Menschlichkeit richten wir deshalb Bitte und Hilferuf an die Alliierten, sich der Erkenntnis der tiefsten Not des deutschen Volkes und der Katastrophe, die die Welt erfassen könnte, nicht zu versagen. Wird nicht sofort und unmittelbar geholfen, ist es zu spät."

Und die Bevölkerung? Nun, sie betete:

„Lieber Jesus, sei unser Gast,
aber nur, wenn Du Marken hast,
Wenn Du keine hast, bleib fern,
Denn wir essen selber gern."

Die Gegenwart war grausam und die Zukunft sah recht düster aus, als auch der Verkehrsverein einen Neuanfang starten musste. Neuer Geschäftsführer wurde nun 1946 Willi Schulze, der eine segensreiche Wiederaufbautätigkeit in Gang setzte. Die Geschäftsstelle wurde provisorisch im linken Seitenflügel des Hauses Salve Hospes untergebracht, gemeinsam mit dem Landesfremdenverkehrsverband. Die ungünstigen Voraussetzungen betrafen aber nicht nur die organisatorischen Bedingungen des Vereins. In der völlig zerstörten Stadt Braunschweig konnte man nicht mehr dort anknüpfen, wo die Vereinstätigkeit durch den Krieg unterbrochen worden war.

**Willi Schulze war von 1946 bis 1978 Leiter des
Verkehrsvereins Braunschweig**

Die Vermarktung der alten Traditionen der Stadt war nicht mehr möglich. *„Von 800 Fachwerkhäusern stehen nur noch etwa 12. Wenn es auch gelingen wird, einzelne Inseln in der neuen Stadtplanung zu schaffen, die an die Kulturschönheiten des mittelalterlichen Braunschweig erinnern werden, so kann doch eine Werbung im alten Sinne nicht mehr in dem Maße in Frage kommen."*

Man wollte den Blick nach vorne richten und dazu musste zunächst in kleinen Schritten eine neue Vereinsinfrastruktur geschaffen werden. Als 1949 in Hannover die 1. Exportmesse stattfand, war auch die Stadt Braunschweig mit einem eigenen Pavillon vertreten. Willi Schulze gelang es, dass dieser Pavillon anschließend dem Verkehrsverein zur Verfügung gestellt wurde.

Braunschweig Hauptbahnhof

**Braunschweig Hauptbahnhof und an der Okerbrücke
der Ersatzpavillon des Verkehrsvereins, ca. 1950**

So begann in diesem Pavillon am alten Bahnhof (Okerbrücke)
die neue Zeit des Verkehrsvereins. Die wichtigsten Aufgaben
dieser Jahre waren *„tätige Hilfe für Reisende und Besucher"*,
d.h. man vermittelte in der zerbombten Stadt Unterkünfte, gab
Hinweise auf kulturelle Veranstaltungen und übernahm teilweise den Kartenverkauf. Und ein weiteres Aufgabenfeld kam
zunächst hinzu: *„Die Erschließung der Umgebung Braunschweigs und des Harzes für eine in Trümmern lebende Bevölkerung ist ein umso dringenderes Gebot der Stunde geworden.«* Und weiter setzte man sich zur Aufgabe: *„Die Hebung
der Wirtschaft zur Verbesserung des allgemeinen Lebensstan-
dards steht daneben im Vordergrunde. Kongresse der Wissen-
schaftler und Künstler, der Berufs- und Fachverbände, die
Veranstaltung und Förderung von Ausstellungen, die Pflege
einer guten musikalischen und literarischen Kultur sollen dazu
dienen, Braunschweig zu einem modernen Anziehungspunkt zu
machen."* Das neue Selbstverständnis wurde ebenfalls unterstrichen: *„Der Verkehrsverein ist der stille aber eifrige und
erfolgreiche Helfer dabei, der sich besonders durch seine Tätigkeit in den Jahren nach 1945 mit Stolz als ‚Verkehrsbüro*

der Stadt Braunschweig' bezeichnen darf". Soweit die Stimmen am Ende der 1940er Jahre.

Der alte Pavillon im Hauptbahnhof war im Oktober 1944 ebenso wie die Bahnhofshalle durch Bomben zerstört worden, jedoch reichte der Ersatzpavillon vor dem alten Hauptbahnhof bald nicht mehr aus. Daher entschloss sich die Stadt in den Jahren 1952 und 1953 auch wieder im Bahnhof einen Informationspavillon einzurichten, und zwar an der Stirnseite der Bahnhofshalle. Dort hatte auch der Leiter des Verkehrsvereins sein neues Büro erhalten.

So wie der Neubeginn des Verkehrsvereins mit einem grundlegenden Wandel des Selbstverständnisses und der Aufgabenstellung verbunden war, so zeigt auch die Stadtgeschichte seit dem Kriegsende ein sich rasant wandelndes Bild der Stadt.

Der Hagenmarkt nach Kriegsende

Der Wiederaufbau war schwierig. Wohnraum fehlte, Arbeitsstätten waren zu 50 % zerstört, und Flüchtlinge und Vertriebene kamen nach Braunschweig, dessen Lage in der Nachkriegszeit durch die nahe Zonengrenze zusätzlich belastet wurde. Mit der Verlagerung wissenschaftlicher Institute in die Stadt begann Braunschweigs Entwicklung zur Stadt der Forschung. Mit massiven Eingriffen in die historische Topographie suchte man im Sinne der Zeit ab den 1950er Jahren den Weg zur *„autogerechten"* Stadt.

Der neue Hauptbahnhof, 1960

Am 1. Oktober 1960 wurde der neue Hauptbahnhof eröffnet, im selben Jahr war die Ruine des Schlosses abgerissen worden, eine städtebauliche Wunde, die inzwischen wieder geschlossen werden konnte. Ausbau des City-Ringes, Neubau der Stadthalle, Rathauserweiterung am Bohlweg. Diese Veränderungen im Stadtbild waren ebenso Zeichen einer neuen Zeit wie die Weiterentwicklung der Werkkunstschule zur HBK oder die Veränderung von Technischer Hochschule zur Technischen Universität. Hervorzuheben ist auch eine sportliche Besonderheit, dass nämlich Eintracht Braunschweig 1967 Deutscher Fußballmeister war – überregionale Erfolgsmomente, wie sie im neuen Jahrtausend nur noch bedingt geboten werden. – Nyltest, Pomade, Minirock, Hosen mit Schlag und Beat: Dies waren äußere Zeichen eines Lebensgefühls, das die Jugend der 1960er und 1970er Jahre nicht nur in Braunschweig auszuleben wagte. Immer schneller gingen die wirtschaftlichen und technischen Veränderungen voran, teilweise verbunden mit dem Niedergang großer Industrieunternehmen und einem wirtschaftlichen Strukturwandel in Stadt und Region Braunschweig, der bis heute noch nicht endgültig abgeschlossen ist.

Skandinavische Reisegruppe mit Bus vor dem Vieweghaus am Burgplatz, empfangen vom ehemaligen Leiter des Verkehrsvereins, Willi Schulze, Mitte 1960er Jahre

Entscheidend sollten die Strukturveränderungen auf verwaltungspolitischem Gebiet seit 1974 werden. Die Gebietsreform veränderte das alte Bild völlig, denn am 28. Februar 1974 wurde der Landkreis Braunschweig, der die Stadt seit 1832 umgeben hatte, aufgelöst und einen Tag später sind 22 Orte in die Stadt Braunschweig eingemeindet worden: Bevenrode, Bienrode, Broitzem, Dibbesdorf, Geitelde, Harxbüttel, Hondelage, Lamme, Leiferde, Mascherode, Rautheim, Rüningen, Schapen,

Stiddien, Stöckheim, Thune, Timmerlah, Völkenrode, Volk-
marode, Waggum, Watenbüttel, Wenden, die gemeindefreien
Gebiete Buchhorst und Querum. Braunschweig wuchs dadurch
von 76,9 auf 192,02 qkm Fläche und von 218.663 auf 270.609
Einwohner.

Mit diesen Gegebenheiten musste sich nun auch der Verkehrsverein auseinandersetzen. Neben dem Pavillon am alten
Hauptbahnhof wurde 1959 ein improvisiertes Stadtbüro vor
dem Residenzschloss eingerichtet, das wegen des Schlossab-
risses zum Karrenführerplatz verlegt wurde. Es folgte ein Verkehrsbüro neben Café Tolle, dann 1974 der neue Bohlweg –
Pavillon und schließlich im Jubiläumsjahr das Verkehrsbüro
im Neubau des Dompredigerhauses am Burgplatz.

Schwerpunkt der Aktivitäten der 1950er Jahre wurden Werbefahrten von Willi Schulze in die skandinavischen Länder, denn
hier hoffte er die Ferienreisenden aus Dänemark, Norwegen
und Schweden für einen Kurzbesuch in der Stadt Heinrichs
des Löwen zu gewinnen. Der Erfolg gab seiner Werbestrategie
recht. In der Reisezeit wurden Ende der 1950er Jahre täglich
bis zu zwölf Reisebusse aus den skandinavischen Ländern ge-
zählt und betreut. Vom Verkehrsverein wurden die Fahrgäste
betreut und erhielten Werbeprospekte in den jeweiligen Lan-
dessprachen. Auch ausländische Individualreisende machten
in den Sommermonaten Kurzbesuche mit Übernachtungen,
und zwar im Schnitt 1.500 Gäste, meist Dänen. Die Stadt an
der „Harz-Heide-Straße" (Bundesstraße 4) war ein Begriff für
die Reisenden in den Süden, zumal die Nord-Süd-Autobahn
noch nicht fertig gestellt war. Es waren die Jahre des messba-
ren Aufschwungs im Fremdenverkehr, und Braunschweig als
„Tor zum Harz" hatte eine werbepolitisch wichtige Funktion
definiert und die jährlichen Werbefahrten von Willi Schulze
nach Norden zeigten messbare Erfolge. Aber schon zwischen
1959 und 1962 hatten die Auswirkungen der neuen Autobahn-
verbindung Hamburg - Hannover - Basel für den Fremdenverkehr in Braunschweig gravierende Auswirkungen. Zum 60-

jährigen Jubiläum lauteten die Schlagzeilen der Braunschweiger Presse: *»Wettlauf um den Gast aus dem Norden«* und beklagt wurde die Konkurrenz durch Hannover im Zusammenhang mit der Untätigkeit der Stadtverwaltung hinsichtlich der Wirtschaftsförderung und der allmählichen Fertigstellung der Nord-Süd-Autobahn. *„Hat doch Hannover, derweil das Amtsleiterzimmer im Braunschweiger Städtischen Amt für Wirtschafts- und Verkehrsförderung noch immer verwaist ist, jetzt im Bunde mit Hildesheim durch gezielte Werbung begonnen, von sich den Ruf zu verbreiten, den bislang nur Braunschweig mit Fug und Recht in Anspruch nehmen konnte – nämlich, das Tor zum Harz zu sein."* (BZ vom 21.4.1959).

Tatsächlich waren die befürchteten Rückgänge nach Fertigstellung der Autobahn Hamburg – Hannover – Basel eingetroffen. Hatten im Juni 1957 noch 1412 ausländische Gäste in Braunschweig übernachtet, waren es im Juni 1962 nur noch 762.

Damals richtete Willi Schulze den Blick auch Richtung Süden und unterstützte seit 1959 die bürgerlichen Initiativen für eine Städtepartnerschaft mit der südfranzösischen Stadt Nimes, die 1962 als zweite Städtepartnerschaft Braunschweigs realisiert wurde.

Darüber hinaus bemühte sich der Verkehrsverein in den Folgejahren gemeinsam mit dem Braunschweiger Hotel- und Gaststättengewerbe um den Bau einer Stadthalle, wurde doch das Fehlen von Kongressen ebenfalls für den Rückgang von Übernachtungen verantwortlich gemacht. Im Jahre 1965 konnte die neue Braunschweiger Stadthalle am Leonhardplatz eröffnet werden. Ein weiterer Höhepunkt in der Arbeit des Verkehrsvereins wurde das Jahr 1974 mit der Eröffnung des neuen Verkehrspavillons am Bohlweg, die neue *„Gute Stube des Tourismus"*.

**Neues Verkehrsbüro am Bohlweg nach der
Fertigstellung am 29. 3. 1975**

Statt der geplanten 100.000 DM musste die Stadt zwar Kosten
von insgesamt 175.000 DM aufbringen, jedoch sollte sich bald
zeigen, dass dieses Geld gut investiert war. Gegenüber den
bisherigen Angeboten hatte der Verkehrsverein sein Angebot
verstärkt auf Stadtrundfahrten, Stadtführungen und Gruppen-
betreuungen ausgeweitet und seit 1967 auch *„Hostessen zur
Stadtwerbung"* ausgebildet. Zehn Stadtführerinnen und Stadtführer wurden in vierwöchigen Kursen ausgebildet und waren
insbesondere im Umfeld der seit 1965 zunehmenden Kongresse in der Stadthalle gefragt. 1977 fanden sich bereits 64 Be-
werber, von denen schließlich sechs die Prüfung bestanden,
1980 waren es 10 von 130 Interessenten und 1999 schließlich
haben sich die Stadtführerinnen und Stadtführer nicht nur in
der *„Interessengemeinschaft der Gilde der Braunschweiger
Stadtführer"* zusammengeschlossen und ein international
anerkanntes *„Gästeführer-Zertifikat"* des Bundesverban-
des der Gästeführer erworben. Die Wurzeln dazu aber la-
gen in den veränderten Anforderungen des Verkehrsvereins vom Städtetourismus zum Tagungswesen zwischen
1964 und 1975.

Stadtführung des Verkehrsvereins, Mitte 1970er Jahre

Letzteres war das Jahr, da der Verkehrsverein mit einem Etat von 100.000 DM auskommen musste und dringend um höhere Zuschussmittel der Stadt Braunschweig kämpfte, um seine Aufgaben zukünftig noch wahrnehmen zu können. Willi Schulze gelang es zwar noch bis zum Ende seiner Tätigkeit am 31. Dezember 1978 den Zuschuss auf 167.000 DM zu steigern, dennoch schien dies keine gute Voraussetzung für die Zukunft und Arbeit des neuen Geschäftsführers und Nachfolgers von Willi Schulze zu sein. Darauf wies auch der ebenfalls ausscheidende Vereinsvorsitzende, der ehemalige Oberbürgermeister Walter Klöditz hin, ebenso hielt er die inzwischen auf 110 Mitglieder gesunkene Mitgliederzahl des Vereins für zu gering, gemessen an den vielfältigen Aufgaben.

**Willi Schulze und sein Nachfolger Helmut Reilemann vor dem
Pavillon des Verkehrsvereins am Braunschweiger
neuen Hauptbahnhof**

Der neue Geschäftsführer, Helmut Reilemann, trat am 1. Januar 1979 sein Amt an und neuer Vorsitzender des Vereins wurde zugleich Oberbürgermeister Gerhard Glogowski. Es wurde ein sowohl inhaltlicher als auch wirtschaftlicher Neuanfang für den Verkehrsverein. So erhöhte die Stadt ihren Jahreszuschuss auf 310.000 DM neben den vereinseigenen Geldern in Höhe von 110.000 DM, und die Zahl der Mitarbeiter stieg von sechs auf acht. Dafür wurde das bisherige städtische Amt für Tourismusförderung aufgelöst und dem Verkehrsverein dieser Bereich vollständig übereignet. Verstärkt sollten die Aufgaben im Bereich Marketing für Kongresswesen und Städtetourismus werden und schließlich war neben den bisherigen Aufgaben wie Stadtführungen usw. auch vorgesehen, eigene Veranstaltungen zur Fremdenverkehrswerbung durchzuführen. Dazu zählen teilweise bis heute der Mittelalterliche Markt zu Pfingsten, die Kleinkunstwochen auf dem Kohlmarkt, der Hansesonntag und das Drehorgelfest. Zeitweise war der Verkehrsverein über die Kooperation im Regionalverband „*Tourismus-Region Braunschweiger Land*" mit dem Tourismusverband Niedersachsen und der Städtegemeinschaft „*Wonderful Nine*" auch in überregionale Marketingaktivitäten eingebunden. Diese konzeptionelle Neuorientierung des Verkehrsvereins hat sich im Grundsatz als folgerichtig und erfolgreich erwiesen. Die Übernachtungszahlen in den 1980er Jahren stiegen dank der zahlreichen neuen Aktivitäten ebenso kontinuierlich an wie die Nutzung der Städtetouren der Bundesbahn. Die mit dem höheren Aufwand, etwa auch die Betreuung von Messebeteiligungen der Stadt, verbundenen Mehrkosten waren jedoch mit den geringen Eigenmitteln des Vereins nicht abzudecken. Finanzdiskussionen und der Ruf nach einem verbesserten Marketing für Verein und Stadt bestimmten wesentlich die Diskussionen in den 1980er und 1990er Jahren, zumal nach dem Fall der innerdeutschen Grenze 1989 die Aufgaben rasch wuchsen, der Etat jedoch nicht angepasst wurde. Am 6.2.1991 lautete daher die Schlagzeile in der Braunschweiger Zeitung *„Städtischer Verkehrsverein stand vor der Pleite"*. Während gleichzeitig die Städte der Region mit erhöhtem personellen und finanziellem Einsatz unter den neuen politischen Gegebenheiten ihre Marketing- und Tourismusaktivitäten erheblich ausweiteten, musste der Verkehrsverein in Braunschweig seine Aktivitäten reduzieren!

Ein echter Durchbruch gelang schließlich in den späten 1990er Jahren, da die Stadt Braunschweig ihren jährlichen Zuschuss auf 1.000.000 DM erhöhte und die Neuausstattung der Außenstelle am Hauptbahnhof sowie die neue Zentrale am Burgplatz auch nach außen sichtbar die professionalisierten Strukturen des Verkehrsvereins positiv zum Ausdruck brachten. Die Leistungsbilanz unter dem Vorsitz von Oberbürgermeister Werner Steffens und dem verdienstvollen Geschäftsführer Helmut Reilemann war vielfältig und reichte vom Kongresswesen, über Städteführungen, Zimmervermittlung und Tourismuswerbung bis hin zur Steigerung der Übernachtungszahlen. 1986 waren es 258.308 Übernachtungen (davon 41.587 ausländische Gäste), 1996 insgesamt 388.529 Übernachtungen (davon 69.182 ausländische Gäste), 1997 insgesamt 406.975 (davon 70.182 ausländische Gäste), 1998 insgesamt 359.790 Übernachtungen (davon 68.691 ausländische Gäste und im Jubiläumsjahr 1999 wurden rund 400.000 Übernachtungen und etwa

30.000 ausländische Gäste erreicht. Insgesamt also konnte der Verkehrsverein Braunschweig auf erfolgreiche und abwechslungsreiche erste 100 Jahre seiner Geschichte zurückblicken. Gegründet wurde er 1899 von Bürgern der Stadt Braunschweig, die sich um das Ansehen und die Weiterentwicklung ihrer Stadt sorgten. Der Appell zum 100jährigen lautete, dass sich mit Blick auf das neue Jahrhundert und Jahrtausend mehr Bürgerinnen und Bürger zusammenfinden, um auch als Mitglieder des Verkehrsvereins (damals etwa 200) Verantwortung für die Stadt Braunschweig zu beweisen. 2018 waren es 1.31 Millionen Übernachtungen in Privathaushalten und 13,3 Millionen Tagesgäste mit Gesamtumsatz von 556,6 Millionen Euro. Übernachtungen in Beherbergungsbetrieben waren rund 2,03 Millionen.

Diese Zahlen vor der Pandemie zeigen einen deutlichen Unterschied zu denen in den letzten Jahren des vergangenen Jahrhunderts. Die vielen Faktoren, die dabei eine wichtige Rolle spielen, können in einem Fokus schwerpunktmäßig zusammengefasst werden, nämlich der Professionalisierung des Städtischen Verkehrsvereins hin zum Braunschweiger Stadtmarketing (BSM) im Jahr 2003. Es war längst erkannt worden, dass *„offensives Stadtmarketing für Städte, insbesondere die mittleren Großstädte wie Braunschweig, eine immer wichtigere Voraussetzung dafür ist, regional und überregional wahrgenommen zu werden"*. Diese Entwicklung zeichnete sich, wie erwähnt, schon in den Jahren davor ab. Ziel wurde es, die Marketingaktivitäten der Stadt und ihrer Partner zu bündeln, denn längst war zu dieser Zeit keiner wirklich glücklich mit den damaligen Möglichkeiten der Außendarstellung Braunschweigs.

Den Empfehlungen eines renommierten Beratungsbüros folgend, beschloss der Rat der Stadt Braunschweig am 9. Dezember 2003 schließlich die Gründung der Braunschweig Stadtmarketing GmbH. Zum 1. Januar 2004 übernahm die Gesellschaft Aufgaben und Mitarbeiter des vorherigen Stadtmarketingreferates aus der Stadtverwaltung und im Juli schließlich die des Städtischen Verkehrsvereins. Braunschweig begriff endlich eine große Chance. Es gelang 27 wissenschaftliche Forschungseinrichtungen, Wirtschaftsunternehmen, Verbände, Institutionen und die Stadt an einen Tisch zu holen. Seither stehen alle in regelmäßigem Dialog. Wissenschaft, Kultur, Wirtschaft und Stadtverwaltung wurden endlich Partner, ein unschätzbarer Vorteil für erfolgreiches Standortmarketing aus einem Guss.

Wie die exzellente Wissenschaft gehören selbstverständlich auch die große Tradition und die enorme historische Bedeutung der Stadt zu Braunschweig.

Das wird schon durch die Formulierung *„Die Löwenstadt"* im Bürger-Logo der Stadt deutlich. *„Mit dem bundesweit viel beachteten Kaiserjahr Otto IV. unterstrichen Stadt und Stadtmarketing die europäische Dimension: Otto IV., Sohn Heinrichs des Löwen und Mathildes von England, wurde als einziger Welfe zum Kaiser des römisch-deutschen Reiches gekrönt".* Braunschweigs Geschichte zählt zweifellos zu den Stärken der Stadt. Vergleichbares mit weitaus mehr Strahlkraft war aber bereits 1995 mit dem *„Heinrich-Jahr"* gelungen, um nur ein Beispiel zu nennen.

Ein Höhepunkt kommunaler Zusammenarbeit bei einer Marketingstrategie 2003 für eine internationale Ausstellung in Braunschweig

Die Stadt Braunschweig mit ihrer großen historischen Vergangenheit verdient bürgerschaftliches Engagement für eine hoffnungsvolle Zukunft.

Die Geschichte des Verkehrsvereins bewies, dass sich derartiges Engagement lohnt.

Dies hat durchaus der Verkehrsverein erkennen lassen, denn mit der Übernahme des Personals in das BSM war keinesfalls der Verkehrsverein zu Ende. Als Verein blieb er bestehen, wenn auch in wesentlich kleinerem Rahmen. Ein begeisterungsfähiges Team unter Vorsitz der ehem. Bürgermeisterin Friederike Harlfinger hat bis heute in kleinen Schritten, aber durchaus effizient *„Nischen-Förderung"* realisiert. Hilfen etwa für Niederdeutsches Theater – Uniformen bzw. Kostüme für Reenactment-Gruppen oder Museums- bzw. Stadtführer –

Mitveranstalter für die Heinrichtage, Lesungen oder studenti-
sche Arbeiten wie zum Magni- oder Domfriedhof – aber auch
insgesamt 6 Zisterzienser-Tage und deren Programm in Rid-
dagshausen, um nur die wichtigsten Beispiele zu nennen. Die
Förderungen betrafen zudem Publikationen wie Ortschroniken
oder eine Karnevalschronik von Mascherode sowie in Vorbe-
reitung ein kleiner Führer zu Kultur und Wissenschaft auf dem
Dom- und Magnifriedhof. Ermöglicht wurde diese „Nischen-
Förderung" ausschließlich aus Mitgliedsbeiträgen und weni-
gen Spenden. Allerdings schwindet im Einzelhandel und der
Wirtschaft das Interesse am Verein, so dass mein Beitrag heute auch mit der Frage den Abschluss findet: „Quo Vadis Verkehrsverein?".

Der Verein besteht seit 123 Jahren und wir hoffen gemeinsam
noch 2024 das 125jährige Jubiläum feiern zu können – alles
weitere darüber hinaus wäre Spekulation oder unverbesserli-
cher Optimismus. Doch bleiben wir pragmatisch: Wir haben
heute die Geschichte in Streifzügen Revue passieren lassen
und stellen wir keine Frage ohne Antwort, sondern freuen wir
uns heute über die Antwort, die ich zur Geschichte des Verkehrsvereins geben wollte und konnte und überlassen einer zu-
künftigen Generation die Frage, wie es weitergeht und gehen
wir daher optimistisch nach Hause und genießen noch den
Sonntag.

Ich danke Ihnen.

Wie schon erwähnt, habe ich den Vortrag Friederike Harlfinger gewidmet. Sie war es auch, die 2003 das Fortbestehen des
Verkehrsvereins Braunschweig e. V. in „neuer" Bestimmung
initiierte und ihn bis heute als Vorsitzende führt. Es waren sol-
che Beispiele ehrenamtlichen Engagements, die Friederike
Harlfingers Verdienste und deren Anerkennungen ausmachte.
So war die Verleihung des Bundesverdienstkreuzes des Bun-

despräsidenten Joachim Gauck am 15. Februar 2016 durch Oberbürgermeister Ulrich Markurth ein glanzvoller Höhepunkt der Anerkennung der Lebensleistung von Friederike Harlfinger auch zugunsten der Bürgerinnen und Bürgern der Stadt Braunschweig. Dabei betonte der Oberbürgermeister in seiner offiziellen Laudatio in der Dornse des Altstadtrathauses auch, *„dass Friedrike Harlfinger in jeder Situation den Grundwerten Menschlichkeit, Ehrlichkeit und Verlässlichkeit treu sei"*. Auf Bitten der Familie hatte ich bei dieser Gelegenheit eine persönlich–private Laudatio übernommen, die ich im Kontext des Vortrags zur Geschichte des Verkehrsvereins erstmals veröffentliche und hier anfüge:

Herr Oberbürgermeister Markurth, verehrte Gäste, Frau Bürgermeisterin Harlfinger, liebe Friederike,

eine hohe Ehrung und zugleich verdienstvolle Auszeichnung für ein vorbildhaftes bürgerschaftliches Wirken erreicht Dich heute – dazu meinen ganz persönlichen und herzlichen Glückwunsch liebe Friederike! Ehrenvoll aber auch für mich die Bitte der Familie, zu diesem Anlass einige Worte als Gruß und Glückwunsch an Dich und die anwesenden Gäste zu richten. Wollte ich jedoch Deinem bewegten Leben und dem vielfältigen Wirken nur annähernd gerecht werden, wäre selbst ein ausführlicher Vortrag kaum ausreichend, selbst wenn ich mich auf unser mehr als 20jähriges gemeinsames Wirken für Geschichte und Kultur unserer Stadt beschränken würde.

Immer bist Du in dieser Zeit eine offene und geradlinige Ansprechpartnerin gewesen, mahnend bei zu forschem Vorgehen, vermittelnd in die politischen Gremien hinein und aktiv unterstützend, wenn Du von einer Idee überzeugt werden konntest, und dies stets über Parteigrenzen hinweg. Es geschah stets effektiv und wirkungsvoll – ganz wie es für Frauen und ihre Aktivitäten in unserer Region in der Geschichte belegt ist: Als im

Jahr 1820 der Engländer Thomas Hodgskin unsere Region bereiste, lobte er nicht nur die guten Straßenverhältnisse im Braunschweigischen, sondern stellte auch fest:

„Bei vielen Gelegenheiten fand ich, daß die Frauen in diesem Land intelligenter sind als die Männer ... sie sind die großen Organisatoren (great managers) sowohl auf dem Hof als auch auf dem Feld."

Hierbei hätte Hodgskin Dich, liebe Friederike, im Sinn haben können, denn immer stehst Du mit großem Engagement und mit viel Liebe zu unserer schönen Stadt an der Front und bis ins Kleine bemüht, Großes zu bewirken, Es sei nur als Beispiel an Deine Führung des Verkehrsvereins erinnert, wo Du eine lange Tradition kultureller und vermittelnder Nischenförderung bewahrst – fast unbemerkt und ohne öffentliches Tam-Tam. Und dies steht nur als ein Beispiel für unzählige weitere. Wann immer man Dich zu Hause anruft, meldet sich Dein Mann Horst: Friederike ist wieder in einer Sitzung, Friederike besucht eine Arbeitsgruppe, Friederike berät einen Verein, Friederike hält eine Rede oder spricht ein Grußwort. Und dies zu allen nur denkbaren Anlässen und besonders gerne, wenn auswärtige Gäste in Braunschweig tagen.

Daher habe ich mir einmal drei Zitate aus Deinen in der Zahl kaum überschaubaren Reden beispielhaft ausgewählt, die Deine Persönlichkeit und Dein Verständnis Deiner Arbeit ein klein wenig Charakterisieren: Du brauchst nie das letzte Wort zu haben, um zu überzeugen, denn auch Dein vorletztes hat stets Gewicht, und das war mir 2005 klar geworden, als Du *„Des Deutschen Nachtgebet"* von der Rednerkanzel herab zitiert hast:

„Lieber Gott,

setze dem Überfluß Grenzen

und laß die Grenzen überflüssig werden,

Schenke uns und den Freunden mehr Wahrheit

und der Wahrheit mehr Freunde,

Gib den Regierenden ein Besseres Deutsch

und den Deutschen eine bessere Regierung!

Nimm auch mal den Ehefrauen das letzte Wort

und erinnere die Ehemänner dafür an ihr erstes!"

Nimmermüde wirst Du auch bei Tagungen oder z.B. auf den neuzeitlichen Hansetagen über Braunschweig zu betonen: *„Weltweit vernetzt ist unsere Forschung, weltweit strahlen aber auch viele Institutionen und Aktivitäten der Kultur unserer Region aus. In dieser Bezeichnung ist ebenso Dynamik enthalten, wie Offenheit und Wirkung nach allen Seiten. Und es trifft ja auch zu: Braunschweig ist voller kultureller Aktivitäten und stets gastfreundlich für Besucherinnen und Besucher aus aller Welt."*

Zu dieser Gastfreundschaft unserer Stadt hast Du – nicht nur dienstlich, auch privat – stets beigetragen, so etwa bei großen Ausstellungen wie Heinrich der Löwe oder Troia, wo Du Gastquartiere für Kuriere und Referenten und Referentinnen vermittelt, Hoteliers zur fördernden Unterstützung motiviert oder das eigene Haus kurzzeitig zum Ausstellungsquartier umgewandelt hast. Immer wieder hast Du Dich mit der Geschichte unserer Stadt und deren Vermittlung beschäftigt, ist Dir doch der Blick zurück wichtig, um Braunschweig kennenzulernen und dabei keineswegs nur eine glanzvolle Vergangenheit zu beschwören, sondern nach vorne zu handeln ansagst:

„Eine Stadt der Zukunft mit lebendiger Gegenwart braucht ein gesichertes Fundament in der Kenntnis ihrer Vergangenheit. Nicht immer ist Vergangenheit Glanz und Größe.

Sehr oft ist sie auch bedrückend und beschämend, aber:

Wir müssen uns ihr in ihrer Gesamtheit stellen. Wir dürfen keine Lücken durch Verdrängen und Vergessen lassen."

Apropos *„Verdrängen und Vergessen"* – das Erinnern war Friederike Harlfinger auf allen Ebenen wichtig. Ob die Erinnerung an schwierige Zeiten der Geschichte, die einen steten *„Nie wieder"* im Sinne von Käthe Kollwitz bedürften, das Erinnern an schöne Zeiten in politischen Erfolgsmomenten, gesellschaftlichen Freudenmomenten, wenn Pläne zugunsten der Gemeinschaft gelangen, aber auch im ganz Privaten, wenn Spuren des Glücks die Erinnerung bestimmten, wie dies unser literarischer Landsmann in der Region, Heinrich August Hoffmann von Fallersleben, so zutreffend in seinem *„Trost der Erinnerung"* zum Ausdruck brachte:

„Dankbar sei mit Herz und Munde!

Und so kehret leicht zurück

Jede schöne, frohe Stunde,

alles, was dir war ein Glück.

Und die dunklen Tage malen

schön sich im Erinnerungsschein,

wie die Abendwolken strahlen

golden in die Welt hinein.

Und du fühlst was du besessen,

ist noch dein für immerdar;

Nein, du kannst es nicht vergessen,

was dir lieb und heilig war.

Dankbar sei mit Herz und Munde,

Dankbar heut und alle Zeit!

Dir auch manche schöne Stunde

die Erinnerung verleiht. "

Der Wunsch nach der Erinnerung, die der Dichter Hoffmann von Fallersleben in diesem Gedicht uns nahe bringt, ist ein Wunsch, der Menschen in allen Zeiten bewegte: Die Menschen im Mittelalter glaubten an das Ewige Leben und hatten daher über ihren Tod hinaus den Wunsch, dass man sich an sie weiter erinnern möge. Deshalb spendeten sie an die Kirchen, damit zumindest dort im Gebet weiterhin ihnen gedacht werde. Unsere geschichtlich bedeutendsten Persönlichkeiten, Heinrich der Löwe und seine Frau Mathilde ließen sogar von Mönchen das berühmte Evangeliar herstellen, um diesem Wunsch nach Erinnerung ein besonderes Gewicht zu verleihen.

Dieses Evangeliar sollte auf dem Marienaltar im Braunschweiger Dom liegen und mit seinen wunderschönen Bildern an das Herzogspaar erinnern. Regelmäßig sollte daraus gelesen werden, um gemeinsam mit der Gemeinde an das Leben von Heinrich und Mathilde zu erinnern und beide so im Gedächtnis der Menschen und der Gemeinde zu bewahren. Diese *„Memoria"* war ein Wunsch aus dem Glauben und ist ein Beweis, wie wichtig zu allen Zeiten für die Menschen das Erinnern war und ist. Darauf muss man gelegentlich deutlich hinweisen, denn oftmals –so scheint es– haben wir die Erkenntnis verdrängt, wie wichtig und wertvoll Erinnerung im Leben und für unser Leben stets ist und ernsthaft gepflegt werden muss. Darum hast Du Dich bei allen amtlichen Verpflichtungen als Mensch und Freundin der Braunschweigerinnen und Braunschweiger stets und mit viel Einsatz und Geduld bemüht.

Dies waren einige Gedanken zu langen und großen Verdiensten, die Du, liebe Friederike, Dir mit Engagement, unermüdlichem Schaffen, Liebe zu Braunschweig erworben hast und die zu Recht mit dieser hohen Auszeichnung des Herrn Bundespräsidenten gewürdigt werden. Vielleicht hätte diese kurze Rede auch auf einen einzigen Satz des bengalischen Dichters und Literaturnobelpreisträgers Rabindranath Tagore beschränkt werden können, denn er beschreibt aus meiner Sicht zutreffender als alle meine Worte Deine zu ehrende Persönlichkeit: *„Ich erwachte in dieser Welt und fand, das Leben ist voller Pflicht – ich tat meine Pflicht und fand, es war eine große Freude"*.

Damit habe ich meine Pflicht getan und bedanke mich für Eure geduldige Teilnahme an meinen Worten. Herzlichen Glückwunsch verehrte Ordensträgerin.

**Bürgermeisterin Friederike Harlfinger
mit Oberbürgermeister Ulrich Markurth**

Abb.: Peter Sierigk